BEI GRIN MACHT SICH IHR WISSEN BEZAHLT

- Wir veröffentlichen Ihre Hausarbeit,
  Bachelor- und Masterarbeit

- Ihr eigenes eBook und Buch -
  weltweit in allen wichtigen Shops

- Verdienen Sie an jedem Verkauf

Jetzt bei www.GRIN.com hochladen und kostenlos publizieren

Bibliografische Information der Deutschen Nationalbibliothek:

Die Deutsche Bibliothek verzeichnet diese Publikation in der Deutschen National-
bibliografie; detaillierte bibliografische Daten sind im Internet über http://dnb.d-
nb.de/ abrufbar.

Impressum:

Copyright © 2006 GRIN Verlag, Open Publishing GmbH
Druck und Bindung: Books on Demand GmbH, Norderstedt Germany
ISBN: 9783668502833

Dieses Buch bei GRIN:

http://www.grin.com/de/e-book/274279/ulrike-meinhofs-entwicklung-von-der-
pazifistin-zur-terroristin

Katrin Heiserholt

Ulrike Meinhofs Entwicklung von der Pazifistin zur Ter-roristin

GRIN Verlag

GRIN - Your knowledge has value

Der GRIN Verlag publiziert seit 1998 wissenschaftliche Arbeiten von Studenten, Hochschullehrern und anderen Akademikern als eBook und gedrucktes Buch. Die Verlagswebsite www.grin.com ist die ideale Plattform zur Veröffentlichung von Hausarbeiten, Abschlussarbeiten, wissenschaftlichen Aufsätzen, Dissertationen und Fachbüchern.

Besuchen Sie uns im Internet:

http://www.grin.com/

http://www.facebook.com/grincom

http://www.twitter.com/grin_com

Ohm-Gymnasium Erlangen
Schuljahr 2006/07

Facharbeit im Leistungskurs: Geschichte

Thema:

Die Entwicklung Ulrike Meinhofs von der Pazifistin zur Terroristin

> „Protest ist, wenn ich sage, das und das passt mir nicht. Widerstand ist, wenn ich dafür sorge, dass das, was mir nicht passt, nicht länger geschieht. Protest ist, wenn ich sage, ich mache nicht mehr mit. Widerstand ist, wenn ich dafür sorge, dass alle andern auch nicht mehr mitmachen." (Ulrike Marie Meinhof, zitiert nach einem Anhänger der Black-Power-Bewegung)[2]

---

[1] Alois Prinz: Lieber wütend als traurig. Die Lebensgeschichte der Ulrike Marie Meinhof, Weinheim Basel 2003, Buchmitte.

[2] Ulrike Marie Meinhof: Vom Protest zum Widerstand, in konkret, Nr.4, 1968, abgedruckt in: Ulrike Marie Meinhof: Die Würde des Menschen ist antastbar. Aufsätze und Polemiken, Berlin 1980, S.38

Inhaltsverzeichnis

1 Einführung in das Thema

1.1 Vorwort..S. 3

1.2 Geschichtlicher Überblick...S. 4

1.3 Kurzbiographie Ulrike Meinhof.....................................S. 6

2 Die Entwicklung Ulrike Meinhofs von der Pazifistin zur Terroristin

2.1 Persönliche und gesellschaftliche Verhältnisse.....................S. 7-13

2.1.1 Erziehung und Einflüsse Ulrike Meinhofs
2.1.2 Persönlichkeit Ulrike Meinhofs
2.1.3 Verantwortungsbewusstsein und Gewissen
2.1.4 Familie und Karriere

2.2 Politische Schlüsselerlebnisse und Ulrikes Reaktionen.............S. 13-20

2.2.1 Wiederaufrüstung und Antikommunismus
2.2.2 Notstandsgesetze und Große Koalition
2.2.3 Tod von Benno Ohnesorg
2.2.4 Frankfurter Kaufhausbrandstiftung

2.3 Übergang zum Terrorismus..S. 21-24

2.3.1 Ulrikes Aussagen über Gewaltanwendung vor dem Eintritt in das Untergrundleben

2.3.2 Vermutliche Hauptgründe für die Entscheidung zur Gewaltanwendung

3 Schlussbetrachtung: Bewertung des militanten Widerstandes im Hinblick auf die Möglichkeit des gewaltfreien Widerstandes

Quellenverzeichnis...S. 27-29

1 Einführung in das Thema

1.1 Vorwort

Ich habe mich für dieses Thema entschieden, da mich die Frage nach den Gründen die zur politischen Radikalität führen, sehr beschäftigt hat. Durch die Faszination des politischen Durchhaltevermögens der Pazifistin Ulrike Meinhof fiel es mir umso schwerer, die Gedankenstränge nachvollziehen zu können, die ein Leben mit Gewalt schließlich legitimierten, ja sogar voraussetzten um überhaupt Leben zu können.

Daher werde ich im Folgenden versuchen die Gründe für die zunehmende Gewaltakzeptanz Ulrike Meinhofs herauszufinden. Dies ist nur insofern möglich, dass sowohl private als auch politische Verhältnisse zu ihrer Lebenszeit beleuchtet werden müssen.

Daher wird nach einem geschichtlichen und biographischen Überblick auf wichtige Prägungen Ulrikes eingegangen, die unter anderem natürlich Erziehung und Familie mit sich bringen, aber auch auf Besonderheiten, wie etwa das extrem hoch ausgebildete Gewissen der jungen Christin.

Im Folgenden werden bestimmte politische Verhältnisse und Ulrikes Reaktion darauf dargestellt. Dadurch wird deutlich, dass parallel zu ihrer politischen Aktivität sich ein Klimax des politischen Bewusstseins der Bürger entwickelte. Daraufhin lässt sich die steigende Resignation der Kolumnistin und Pauschalisierung in ein „Freund-Feind" Bild verdeutlichen.

Im letzten Abschnitt sollen ihre Aussagen über Gewaltanwendung beleuchtet werden. Dass diese nicht in „vorher", „nachher" untergliedert sind, liegt an meiner Überzeugung, dass in diesem Fall die Terroristin auch aus der Pazifistin gewachsen ist. Anstatt beide Persönlichkeiten blockartig einander gegenüberzustellen, versuche ich durch die Kombination von These und Antithese Ulrike Meinhofs pazifistische Prinzipien und gewalttätige Akzeptanz gegenüberzustellen, um die chronologische Steigerung des Widerspruches dazustellen. Außerdem werden die vermuteten Gründe für die Gewaltakzeptanz geschildert, wobei deren spekulative Prägung unvermeidbar ist. Durch das Aufzählen wahrscheinlicher Motive, die zu den terroristischen Handlungen Ulrike Meinhofs führten, kann zugleich, durch die Verbindung der ausgeführten Thesen, ein Resümee gezogen werden.

Da aufgrund der Fragestellung nach den Motiven Ulrike Meinhofs für die Entscheidung zum Terrorismus die Entstehung der Roten Armee Fraktion (RAF) zweitrangig ist, wird deren Entwicklung im folgenden Abschnitt nur knapp angerissen.

1.2 Geschichtlicher Überblick

Nach den zwei Weltkriegen entstand im vom NS-Regime befreiten Deutschland eine Art „Biedermeierzeit"[3], eine Ära, geprägt von der politischen Lustlosigkeit der Bürger, aufgrund des Misstrauens in die Politik, und der Schrecken der Vergangenheit, die es so schnell wie möglich zu vergessen galt. Durch das fehlende Aufarbeiten der NS-Zeit fand eine Verdrängung, vor allem gesellschaftlicher Probleme, statt. Aufgrund dieser ungenügenden Vergangenheitsbewältigung konnten bestehende Verhältnisse, wie etwa die hohe Anzahl an früheren NSDAP-Mitgliedern bei westdeutschen Beamten, nicht aufgelöst werden. Unter den konservativen Bedingungen der Nachkriegszeit, vor allem in den 50er Jahren, bildete sich eine Gegenbewegung. Ausgelöst durch die nachfolgende Generation, den Kindern deren Eltern unter den Umständen der nationalsozialistischen Ideologie gelebt hatten. Diese - hauptsächlich durch Studenten politisierte „68-er"-Bewegung - klagte öffentlich gesellschaftliche sowie politische Missstände an, insbesondere die Unmenschlichkeit des Vietnamkrieges und forderte die Aufarbeitung der NS-Vergangenheit.

Die damit und unter den Umständen des kalten Krieges einhergehende politische Bewusstseinsveränderung der vor allem jungen deutschen Bürgern erreichte in den späten 60er und frühen 70er Jahren ihren Höhepunkt. Auch aufgrund der Teilung Deutschlands protestierte man vor allem gegen Atomrüstung, antikommunistische[4] Polemisierung der westlichen Welt und der Springer-Presse[5], demonstrierte gegen

---

[3] nach: Die Redaktion Schule und Lernen (Hrsg.): Schülerduden Geschichte, Mannheim 2003, S. 69 bedeutet der Begriff „Biedermeier" eine Abkehr von der Politik aufgrund allgemeiner nationaler Enttäuschung und Hoffnungslosigkeit in der Restaurationszeit (1815-1830). Da dieser Begriff jedoch allgemein für Spießbürgerlichkeit, Zurückgezogenheit und Resignation steht, kann dieser auf verschieden Phasen der politischen Lustlosigkeit und des Konservatismus übertragen werden.
[4] Mit dem Begriff „Antikommunismus" ist hier und im Folgenden eine ablehnende, entgegenwirkende Haltung gegenüber jeglichen Kommunismus gemeint. Diese war vor allem in Zeiten des Kalten Krieges, aufgrund des Ausbreitens des Sozialismus und Kommunismus, in den westlichen Ländern, verbreitet. So wurde etwa in den 50er Jahren die kommunistische Partei Deutschland (KPD) verboten.
[53] Der Axel-Springer Verlag gibt unter anderem die Bild-Zeitung, sowie die Berliner Zeitung heraus. Er wurde von vielen Studenten für das Attentat auf Rudi Dutschke 1968, den Mitbegründer der APO (außerparlamentarischen Opposition), aufgrund seiner polemisierenden Berichterstattung, verantwortlich gemacht. Daraufhin fanden lautstarke und ausartende Demonstrationen gegen das Axel-Springer-Haus

den Vietnam-Krieg und setzte sich ein für eine diplomatische Wiedervereinigung und Frieden. Es entstanden auch als Reaktion auf die konservative Politik Adenauers[6] verschiedene linksradikale, vor allem sozialistische und kommunistische Strömungen in der BRD.

So bildete sich 1970 die terroristische Untergrundorganisation Rote Armee Fraktion um die Hauptgründer **Andreas Baader**, **Gudrun Ensslin**, **Horst Mahler**, **Ulrike Meinhof** und **Irmgard Möller**,[7] deren Mitglieder hauptsächlich aus dem Bildungsbürgertum stammten. Nach dem gemeinsamen Vorbild südamerikanischer **Widerstandskämpfer** nahm die RAF den bewaffneten Kampf gegen das, in ihren Augen, kapitalistische und faschistoide System der BRD auf. In ihrem Konzept „Stadtguerilla", dass sich stark an dem Dokument der Nationalen Befreiungsbewegung von Uruguay (Tupamaros)[8] anlehnt, beschrieben sie ihre Gruppierung als Teil des international antiimperialis-tischen Befreiungskampfes.[9] **1970** bis **1972** war die Gruppe mit Banküberfällen sowie mehreren Bombenanschlägen gegen US-Militäreinrichtungen, staatlichen oder wirt-schaftlichen Einrichtungen aktiv, wobei vier Menschen starben und über 30 verletzt wurden.[10] Im Juni 1972 wurde die Kerngruppe um Andreas Baader verhaftet und im April **1977** nach 192 Prozesstagen aufgrund mehrerer Fälle (unter anderem wegen Mordes) zu lebenslanger Haft verurteilt.[11] Allerdings wurde die terroristische Ideo-logie des Freiheitskampfes weitergeführt, wie etwa die - von der so genannten zwei-ten Generation der RAF durchgeführte - Entführung und spätere Ermordung des Ar-beitgeberpräsidenten Hanns Martin Schleyers zeigt, welche mit den Forderungen der Freilassung der RAF-Gefangenen einherging. Um den Druck auf die BRD zu erhöhen entführte auch eine palästinensische Terroristengruppe im „deutschen Herbst" 1977 ein Passagierflugzeug, dessen Befreiungsaktion durch die GSG 9 allerdings erfolg-

in Berlin statt. Diese erstmals gewalttätigen Ausschreitungen beeindruckten Ulrike Meinhof nachhaltig.
[6] nach Manfred Görtemaker: Kleine Geschichte der Bundesrepublik Deutschland (Hrsg.: Bundeszentrale für politische Bildung), Bonn 2004, S.38-53 und S.117-143. (Görtemaker 2004) wurde Adenauer als der Vater des Grundgesetzes, das für Ulrike Meinhof von großer Bedeutung war, gesehen und trug auch erheblich zur deutsch-französischen Freundschaft bei. Allerdings war er zu seinem Dienstantritt bereits 73 Jahre alt und polemisierte zum Beispiel gegen die SPD und formulierte den Alleinvertretungsanspruch, in dem diplomatische Beziehungen zu sozialistischen Staaten abgelehnt wurden und die deutsche demokratische Republik (DDR) nicht als unabhängiger Staat anerkannt wurde. Er führte den Aufbau der Bundeswehr und die Aufrüstung wieder ein. Auch sein Wirtschaftsminister Ludwig Erhard stand unter dem Ruf, die Kluft zwischen Armen und Reichen noch größer zu machen.
[7] http://de.wikipedia.org/wiki/Rote_Armee_Fraktion
[8] vgl. Antiimperialistischer Kampf. Materialien & Diskussion (Band 8) (Hrsg.): Wir, die Tupamaros, Frankfurt 1974
[9] http://www.rafinfo.de/archiv/raf/konzept_stadtguerilla.php
[10] http://de.wikipedia.org/wiki/Rote_Armee_Fraktion#Die_erste_Generation
[11] http://de.wikipedia.org/wiki/Rote_Armee_Fraktion#Die_erste_Generation

reich war, woraufhin Baader, Ensslin und Raspe in ihren Zellen Selbstmord begingen, dessen Umstände bis heute noch nicht geklärt sind.[12]

Die Ideologie der RAF sowie deren Ziele wurden von der nachfolgenden dritten Generation durch Sabotageakte und mehrere Mordanschlägen (vor allem gegen wirtschaftliche Persönlichkeiten) zwar weiterverfolgt, allerdings wurde die Rote Armee Fraktion, nachdem sie 1992 der Gewalt abschwor,[13] im April 1998 offiziell aufgelöst. In der Auflösungserklärung schaut die RAF auf ihre Vergangenheit zurück und verteidigt „die Notwendigkeit und Legitimation der Revolte."[14]

Das Logo der RAF- ein roter Stern mit einer Kalaschnikow im Vordergrund.[15] Mit der Waffenpräsenz ist es zugleich ein Symbol für die Gewaltbereitschaft der Gruppe.

1.3 Kurzbiographie Ulrike Meinhofs[16]

Ulrike Marie Meinhof, die am 7.10.1934 in Oldenburg geboren wurde, verlor bereits im Alter von 5 Jahren ihren Vater und mit 14 Jahren ihre Mutter an eine Krebserkrankung. Doch sie findet in ihrer Pflegemutter Renate Riemeck schon bald eine „Schwester", mit der sie stundenlange Streitgespräche führen kann.

Nachdem Ulrike Meinhof das Studium der Psychologie, Pädagogik, Soziologie und Germanistik begonnen hatte, weckte die Debatte um atomare Aufrüstung ihr politisches Interesse und sie engagierte sich unter anderem im SDS (Sozialistischer Deutscher Studentenverband) und bei der linken Studentenzeitschrift Konkret. Dort wurde sie 1960, im Alter von erst 26 Jahren, Chefredakteurin und heiratete ein Jahr später den Herausgeber, Klaus Rainer Röhl.

Nachdem Ulrike Meinhof 1962 nach einer schweren Geburt ihre Zwillinge zur Welt gebracht hatte, wurde sie auch im Rundfunk und Fernsehen aktiv. Als berühmte Per-

---

[12] http://de.wikipedia.org/wiki/Rote_Armee_Fraktion#Die_zweite_Generation
[13] http://www.rafinfo.de/archiv/raf/raf-10-4-92.php
[14] http://www.rafinfo.de/archiv/raf/raf-20-4-98.php
[15]http://de.wikipedia.org/wiki/Rote_Armee_Fraktion
[16] Alois Prinz: Lieber wütend als traurig, Weinheim und Basel 2003. S. 301-305. (Prinz 2003)

sönlichkeit verließ sie ihren Mann aufgrund seiner Affären und zog mit den Zwillingen 1968 nach Berlin.

Auf einer Anti-Springer Demonstration aufgrund des Attentates auf Rudi Dutschke lernte sie Andreas Baader und Gudrun Ensslin kennen, zwei Mitbegründer der späteren RAF. Nach einer Aufsehen erregenden Verurteilung und Flucht der beiden „Frankfurter Kaufhausbrandstifter"[17] wurde Baader 1970 verhaftet, woraufhin Ulrike bei dessen Befreiungsaktion mitwirkte, wobei allerdings ein Angestellter verletzt wurde.

Von nun an führte sie ein Leben im Untergrund und nach einem Stadtguerilla-Training in Palästina wurden erste Banken überfallen. 1972 wurden mehrere Sprengstoffattentate in der BRD durchgeführt und Ulrike mit den anderen Mitbegründern verhaftet. Es folgten Hungerstreiks gegen die isolierten Haftbedingungen. Nach dem Prozess gegen die „Baader-Meinhof-Bande" 1975 wurde Ulrike Marie Meinhof am 9. Mai 1976 erhängt in ihrer Zelle aufgefunden.

2 Die Entwicklung Ulrike Meinhofs von der Pazifistin zur Terroristin

2.1 Persönliche und gesellschaftliche Verhältnisse

Aufgrund der Ansicht der RAF-Mitglieder um Andreas Baader, dass private und politische Probleme zusammengehören - da die Probleme im Persönlichen ihre Wurzeln in der Gesellschaft haben, wie man anhand von internen Briefen während der Haft in Stammheim entnehmen kann - werden im Folgenden die Lebensumstände Ulrike Meinhofs genauer betrachtet.

2.1.1 Erziehung und Einflüsse Ulrike Meinhofs

Ulrike Meinhofs Vater, Werner Meinhof stammte aus einer christlichen Familie der Oberschicht, in deren Fußstapfen er allerdings nicht treten wollte und so als Jugendlicher eine Tischlerlehre absolvierte und später Kunstgeschichte studierte.[18] Sowohl er als auch seine spätere Frau Ingeborg und ihr Vater, Mitglied in der SPD, standen der

---

[17] nach Butz Peters: RAF. Terrorismus in Deutschland, Stuttgart 1991, S.33. zündeten unter anderem Gudrun Ensslin und Andreas Baader am 2. April 1968 in zwei Frankfurter Kaufhäusern, aus antikapitalistischen Gründen, Feuer, wobei ein Sachschaden von 280.000 Mark entstand.
[18] Mario Krebs: Ulrike Meinhof. Ein Leben im Widerspruch, Reinbek 1995, S.16. (Krebs 1995)

nationalsozialistischen Bewegung kritisch gegenüber.[19] Daher wirkten auf Ulrike und ihre Schwester Wienke von klein auf Einflüsse von christlichen und sozialdemokratischen Anschauungen. Hier lassen sich Vergleiche zu den Geschwistern Scholl ziehen, die wie Ulrike christlich erzogen wurden und daraufhin eine hohe moralische Verletzlichkeit besaßen.[20]

Ebenso ist aufgrund der ablehnenden Haltung der Familie gegenüber dem Nazi-Regime und der Nähe ihres Wohnsitzes Jena zu dem Konzentrationslager Buchenwald anzunehmen, dass Ulrike schon damals eine Ahnung von den Verbrechen hatte und sie den Einmarsch amerikanischer Truppen in Jena zu Kriegsende als Befreiung sah.[21] Dieses Erlebnis war sicher auch ein Grund für ihre Ansicht, dass die faschistische Denkweise in Deutschland damit nicht geendet hat, weil ihr deutlich wurde, „dass der Nationalsozialismus nicht von den Deutschen selbst beseitigt wurde, sondern dass die Mehrheit des Volkes das Unrecht geduldet, nicht gesehen, zeitweise bejubelt und am Ende stumpf ertragen hat.“[22]

Nachdem die junge Professorin Renate Riemeck die Vormundschaft für die beiden Kinder übernommen hatte, lernte Ulrike früh selbstständig zu sein – und baute so frühzeitig ein reife Erscheinung auf - und führte häufig politische Diskussionen mit ihrer Ziehmutter, die großen Einfluss auf sie hatte und viel Wert auf Bildung legte. Diese kämpfte genau wie Ulrike in den späten 50er Jahren gegen die atomare Aufrüstung der BRD, schrieb Artikel und gründet vor den Bundestagswahlen eine neue Partei, die Deutsche Friedensunion (DFU), die allerdings nur 2,2 % der Stimmen erhält.[23] Sicherlich war Ulrike Meinhof von dem Engagement ihrer Pflegemutter beeindruckt und wurde somit früher als die Studenten in ihrem Umkreis politisiert.

2.1.2 Persönlichkeit Ulrike Meinhofs

Ulrike Marie Meinhof galt schon immer als eine ernsthafte, reife und unbeirrbare Schülerin.[24] Diese geistige und menschliche Reife lässt sich wohl darauf zurückführen, dass sie bei ihrer Pflegemutter viele Freiheiten bekam und auch die Bildung im anthroposophischen Weltbild Renate Riemecks im Mittelpunkt stand. Sie fiel schon

---

[19] ebenda.
[20] Prinz (2003), S.51.
[21] Krebs (1995), S.17f.
[22] a.a.O., S.20.
[23] Thimon Koulmasis: Ulrike Marie Meinhof. Lettre à sa fille, Arte 1995, 19. Minute. (Koulmasis 1995)
[24] Prinz (2003), S.9.

in diesem Alter als engagierte Persönlichkeit auf und war bei ihren Mitschülern aufgrund ihrer Offenheit, Ehrlichkeit und Schlichtheit sehr beliebt.[25]

Allerdings soll Ulrike Meinhof zwar äußerlich ein sehr selbstbewusster Mensch gewesen sein, was jedoch nach ihrer Ziehmutter Renate Riemeck nur scheinbar war und im Privaten eher in eine andere Richtung führte.[26] So wurde sie auch als sensible und unsichere Person dargestellt, die sich lieber in ihre Bücher vergrub als enge Beziehungen einzugehen, vielleicht aus Angst vor einem erneuten Verlust, die der Tod beider Eltern in ihr zurückgelassen hat.[27] Dementsprechend berichtet ihr späterer Ehemann Klaus Rainer Röhl von einer stark ausgeprägten Beharrlichkeit und Treue in zwischenmenschlichen Beziehungen und dass der Bruch mit ihm und der Auszug aus der gemeinsamen Hamburger Villa ein schweres Ereignis gewesen sein muss.[28]

Ulrike gab schon damals ein – nach den verschieden Aussagen von Verwandten und Freunden zu urteilen - zwiespältiges Bild ab, daher kann man auch ihre Wertschätzung des Schriftstellers Hermann Hesse[29] verstehen, dessen Werke häufig die Auseinandersetzung des Zwiespalt eines Menschen und die daraus folgenden Widersprüche im Leben thematisieren.

Dieses Bild Ulrikes von den Selbstzweifeln hinter der Fassade der Unbeirrbarkeit und ihrer öffentlichen, selbstvertrauten Darstellung lässt sich im Erwachsenenalter oft genug wieder finden.

2.1.3 Verantwortungsbewusstsein und Gewissen

Das ausgesprochen hoch ausgebildete Verantwortungsbewusstsein und Gewissen Ulrike Meinhofs lässt sich sicher auf ihre christliche Erziehung in der Pfarrersfamilie zurückführen. Ihre Pflegemutter Renate sprach von einem ausgeprägten Gerechtigkeitssinn und dass sie sich schon in der Schule immer für Schwächere eingesetzt habe.[30] Ulrike hatte hohen Respekt vor Menschen, die gegen die Nazidiktatur gekämpft hatten und forderte, dass die Pflicht zum Widerstand, welcher unter den Bedingungen der Adenauer-Politik erst einmal aufgebaut werden müsse, auch in der Nachkriegszeit nicht verloren gehen sollte. In einer Konkret-Kolumne zum 20. Jahrestag des Stauffenberg-Attentats[31] zeigte sie am Beispiel der Atomwaffen, die für

---

[25] ebenda.
[26] Stefan Aust: Der Baader-Meinhof-Komplex, Hamburg 1986, S.47. (Aust 1986)
[27] Prinz (2003), S. 9.
[28] Koulmasis (1995), 31. und 32. Minute.
[29] Prinz (2003), S.10.
[30] Prinz (2003), S.42.
[31] Ulrike Meinhof: Zum 20. Juli, in: konkret, Nr. 7/8, 1964, abgedruckt in: Ulrike Marie Meinhof: Die Würde des Menschen ist antastbar. Aufsätze und Polemiken, Berlin 1980, S.49-51. (Meinhof 1980)

sie ein „Verbrechen hitlerischen Ausmaßes" sind, dass der Kampf gegen Unrecht und Gewalt noch nicht geendet hat und diesem nur ein Mensch ohne Gewissen nicht entgegentritt.

Ulrike Meinhof hatte immer Angst, sich einmal für etwas rechtfertigen zu müssen wie ihre Elterngeneration. Diese Vorstellung führte dazu, dass sie immer wieder auf die faschistischen Strukturen des westdeutschen Staatsapparates hinwies und die aktuellen Geschehnisse oder Personen mit denen des dritten Reiches verglich. Faschismus, das umfasste für sie alles, „was es in der modernen, kapitalistischen Gesellschaft an autoritären, freiheitseinschränkenden, kriegstreiberischen, unterdrückenden Tendenzen gab."[32]. Dementsprechend endete sie in ihrer Kolumne „Hitler in euch"[33] 1961 mit einem Satz der sie durch langwierige Gerichtsverhandlungen bekannt machte: „Wie wir unsere Eltern nach Hitler fragen, so werden wir eines Tages nach Herrn Franz Josef Strauß gefragt werden."[34] Die Gleichstellung des damaligen Verteidigungsminister - der Ulrike schon als vorheriger Bundesminister für Atomfragen negativ aufgefallen war - und dem nationalsozialistischen Diktator zeigt ihre extreme Einstellung, ihr missfallende Verhältnisse oder Personen pauschal der faschistischen Seite zuzuordnen.

Ulrike Meinhof hatte schon immer ein ausgeprägtes Feindbild, sie plädierte dafür, dass man immer trennen müsse zwischen gerechten und ungerechten, da etwas in ihren Augen gut oder schlecht sein muss und man dann auch zu dieser Entscheidung stehen müsse. Diese Art der Polemisierung findet sich in vielen Texten wieder, genauso wie die Aussagen der RAF-Mitglieder eine hohe Reduktion von Differenzierung zeigen. In der RAF-Erklärung „Konzept Stadtguerilla" etwa trennt Ulrike Meinhof im „Primat der Praxis" den revolutionären von dem opportunistisch - intellektuellen Flügel der Linken und stellt damit den mutigen, entschlossen Menschen scharf dem feigen, zaudernden Menschen gegenüber.[35]

---

[32] Prinz (2003), S.116. Diese Definition soll im Folgenden für den Begriff Faschismus in Überlegungen mit einbezogen werden.
[33] Ulrike Meinhof: Hitler in euch, in konkret, Nr.10, Mai 1961, abgedruckt in: Ulrike Meinhof: Deutschland, Deutschland unter anderem. Aufsätze und Polemiken, Berlin 1995, S.38-42. (Meinhof 1995)
[34] a.a.O., S.42.
[35] http://www.rafinfo.de/archiv/raf/konzept_stadtguerilla.php

2.1.4 Familie und Karriere

Durch Ulrike Meinhofs politisches Engagement gegen die atomare Aufrüstung lernte sie den Herausgeber der linken Studentenzeitschrift „Konkret", Klaus Rainer Röhl kennen. Obwohl die beiden unterschiedlichen Menschen sich anfangs nicht ausstehen konnten, wurde Ulrike Anfang 1960 Chefredakteurin der Zeitschrift und heiratete Röhl im Dezember 1961.[36]

Während Ulrikes Schwangerschaft 1962 traten auf einmal heftige Kopfschmerzen auf und die Ärzte vermuteten einen Gehirntumor. Aus Rücksicht auf das Baby verzichtete Ulrike auf Schmerztabletten und musste monatelang schlimme Schmerzen ertragen, im Hintergrund die Angst, wie ihre Eltern, an Krebs zu sterben.[37] Doch nach der erfolgreichen Entbindung der Zwillinge Bettina und Regine (siehe Bild S.10) stellte sich bei der Gehirnoperation[38] heraus, dass es sich nur um ein Geschwulst handelte, der mit Silberklammern abgeklemmt wurde[39], die bei der Verhaftung Ulrike Meinhofs 1970 ihre Identifikation ermöglicht haben.

Ehepaar Röhl mit Kindern[40]

Nachdem die Geldgeber aus dem Osten 1964 die Zahlungen für konkret eingestellt hatten, wurde aus der Studentenzeitschrift ein kommerzielles Massenblatt und die 30-jährige Mutter verkehrte nun mit ihrem Ehemann vorwiegend in Kreisen des linken

---

[36] Prinz (2003), S.302.
[37] a.a.O., S.119.
[38] Aufgrund der Gehirnoperation, wurde vor allem vor Prozessanfang die Hypothese aufgestellt, dass Ulrike Meinhof nur bedingt zurechnungsfähig wäre. Diese Behauptung wird gegenwärtig vor allem von ihrer Tochter Bettina Röhl vertreten, allerdings wurde sie für die These aufgrund medizinischer Untersuchungen für die Verhandlung verworfen.
[39] Prinz (2003), S.120.
[40] Krebs (1995), S.100.

Establishment, dass vor allem aus Leuten bestand, die politische Meinungen lieber im Privaten diskutierten anstatt sich, wie Ulrike, öffentlich dafür einzusetzen.[41]

Anachronistisch zu ihrem Hamburger Luxusleben (siehe Bild S.11) machte die Journalistin Rundfunksendungen vor allem über Heimkinder und begann kurz vor der Baader-Befreiung mit einem Film über diese proletarischen Jugendlichen, in ihren Augen die wirklichen Opfer der deutschen Gesellschaft.[42] Die Erfahrungen, die Ulrike Meinhof bei ihren Recherchen in Randgruppen der Gesellschaft machte, standen in krassem Gegensatz zu ihrem bürgerlichen Wohlstandsleben. Durch ihren Erfolg, Prestige und den damit verbundenen materiellen Werte fühlte sie sich, als hätte sie ihre Ideale verraten. Dementsprechend vermerkte sie in einer Tagebuchnotiz: „Das Verhältnis zu Klaus, die Aufnahme ins Establishment, die Zusammenarbeit mit den Studenten – dreierlei, was lebensmäßig unvereinbar scheint, zerrt an mir, reißt an mir."[43] Sie vermisste Wärme, Solidarität und Gruppenzugehörigkeit, wovon sie sicherlich überzeugt war diese in einer Untergrundorganisation wie der RAF zu finden. Desweiteren kam sie immer weniger mit ihrer Rolle als Journalistin zurecht, da diese sie unweigerlich zwinge, „Dinge lächelnd zu sagen, die mir, uns allen, bluternst sind: also grinsend, also maskenhaft."[44]

Ulrike und Klaus Rainer Röhl 1963 beim Derby in Hamburg-Horn[45]

Hinter dieser Maske wollte sich Ulrike nicht länger verstecken. Nachdem sie jahrelang trotz diverser Seitensprünge ihres Mannes versucht hatte die Ehe aufrecht zu er-

---

[41] Peter Rühmkorf: Die Jahre, die ihr kennt. Anfälle und Erinnerungen, Reinbek 1972, S.222-224.
[42] Ulrike Marie Meinhof: Bambule. Fürsorge - Sorge für wen?, Berlin 1994, S.7.
[43] Aust (1986), S.49.
[44] a.a.O., S.49.
[45] Krebs (1995), S.127.

halten, verließ sie Anfang 1968 Klaus Rainer Röhl, zog mit den Zwillingen nach Berlin und stellte auch 1969 ihre Arbeit bei konkret ein.[46]

2.2 Politische Schlüsselerlebnisse und Reaktionen Ulrike Meinhofs

Um die steigende Radikalität und Gewaltakzeptanz Ulrike Meinhofs zu verstehen, ist es notwendig, die damals herrschenden deutschen Verhältnisse deutlich zu machen. Da diese allerdings im Zeitraum von über einem Jahrzehnt sehr umfangreich sind, soll im Folgenden politische Schlüsselereignisse für die christliche Pazifistin herausgearbeitet werden um ihre Wahrnehmung der Sinnlosigkeit des bloßen Schreibens und von Moralappellen und des damit einhergehenden Handlungsbedürfnisses nachvollziehen zu können.

2.2.1 Wiederaufrüstung und Antikommunismus

Ulrike Marie Meinhof betrat mit der Frage der atomaren Aufrüstung erstmals öffentlich die politische Bühne. Nach der „Göttinger Erklärung" 1957, in der 18 führende deutsche Atomwissenschaftler vor den Gefahren der Absicht Adenauers, Westdeutschland mit Atomwaffen auszurüsten, warnten, verlor SPD-Mitglied Renate Riemeck das Vertrauen in die Partei, die es versäumt hatte eindeutig Stellung zu beziehen und sich nicht energisch genug gegen die Wiederaufrüstung wand.[47] Enttäuscht von der Bundestagszustimmung 1958 zu den Nato-Beschlüssen, amerikanische Mittelstreckenraketen und Atomsprengköpfe in der BRD zu stationieren, gründete Ulrike mit Hilfe des Sozialistischen deutschen Studentenbund (SDS) in Münster einen Arbeitskreis für ein kernwaffenfreies Deutschland.[48]

Ihr politisches Engagement war moralisch bedingt, man spürte, „dass sie sich aus tiefer Betroffenheit, aus unmittelbar empfundener Angst heraus engagierte."[49] Die junge Studentin organisierte ihre erste Kundgebung und Demonstration, für ein kernwaffenfreies Deutschland, in einer Zeit der „Ohne-mich-Generation", als Politik auch unter Studenten als schmutziges Geschäft gesehen wurde.

---

[46] Prinz (2003), S.303.
[47] Krebs (1995), S.32-34.
[48] a.a.O., S.36f.
[49] a.a.O., S.37

Ulrike Meinhof während der Kundgebung auf dem Hindenburgplatz in Münster am 20. Mai 1958 (links Arnold Röhring, rechts Jürgen Seifert)[50]

Die Bevölkerung war nach einer kurzen Zeit der Politisierung durch die Frage der Aufrüstung resigniert, als die BRD 1954 Mitglied der Nato wurde und die Bundeswehr aufbaute.[51] Dass Ulrike trotz dieser politischen Lethargie weiterkämpfte, das Studentenblatt „Argument" gründete und Vorträge über Hiroshima hielt, zeigt ihren Wunsch, Wege gegen die Ungerechtigkeit zu finden, sobald sie davon überzeugt war.

So musste sich die Gruppe gegen den Atomtod auch mit der Repression des Antikommunismus der Adenauer-Politik auseinandersetzen, da ihre Kritik sich gegen eine Aufrüstung richtete, die nicht zum Schutz des Staates da war, sondern für den Druck gegen die Sowjetunion.[52] Dementsprechend schrieb Ulrike Meinhof in einem Artikel des von ihr und Jürgen Seifert gegründeten Studentenblattes „Argument", dass Konrad Adenauer wieder einen neuen „Erbfeind" erschaffen müsse, indem der Antikommunismus den Antisemitismus ersetze. Diese Angst vor einer Kontinuität des Faschismus in Deutschland, welche die Journalistin ihr Leben lang besaß, teilten viele Studenten, da die Atmosphäre der Adenauer-Ära jegliche kritischen und oppositionellen Meinungen als kommunistisch und/oder staatsfeindlich darstellen ließ.

---

[50] Krebs (1995), S.40.
[51] a.a.O., S 28.
[52] a.a.O., S.45.

Wahlplakat der CDU aus dem Bundestags-
wahlkampf 1953. Es war nicht in erster Linie
gegen die KPD, sondern vor allem gegen die
SPD gerichtet, um demokratische Linke in die
Nähe der kommunistischen Diktatur zu rücken,
die von Moskau repräsentiert wurden.[53]

Dementsprechend entstand Ulrikes politisches Bewusstsein in einem Klima der Pauschalisierung, indem jemand oder etwas entweder als gut oder böse[54] eingestuft wurde und sich diese unzureichende Differenzierung nach dem Eintritt in die RAF selbst
bei ihr finden lässt.

Meinhofs pazifistische Einstellung über eine Friedenssicherung, die nur durch konse-
quenten Antimilitarismus möglich ist und ihre damalige unbeirrbare Ablehnung von
militärischem Druck, tritt deutlich hervor. Nachdem der sowjetische Ministerpräsi-
dent Chruschtschow 1959 das Klassenfeindland USA besucht hatte, in dem er eine
allgemein kontrollierte Abrüstung vorschlug, erschien Ulrikes erste Konkret-Kolumne „Der Friede macht Geschichte"[55]. In dieser bejubelt sie Chruschtschow als den
Friedensbringer, der es mit seinen diplomatischen Dialogen und seiner Kompetenz
schaffe, Vorurteile und Verhärtungen aufzuweichen. So schrieb sie: „Der Gegner
wurde zum Partner, die Einsicht, dass es besser ist, miteinander zu leben, will man
überleben ist durchgebrochen, der Wille zur Verhinderung des Krieges hat gesiegt."[56]
Dies ist einer der vielen Gegensätze zu ihrer späteren politischen Einstellung, indem
sie mit der RAF sich eben gegen das „miteinander leben" entschieden haben, für ein

[53] Görtemaker (2004), S.133.
[54] Prinz (2003), S.89f.
[55] Ulrike Meinhof: Der Friede macht Geschichte, in konkret, Nr. 19/20, 1959, abgedruckt in: Meinhof
(1980), S. 7-13.
[56] a.a.O., S.8.

Leben im Untergrund. Ulrike Meinhof trug viel Hoffnung in sich, sie glaubt „Die Wende ist da, der Friede ist zum bestimmenden Faktor politischen Handelns geworden"[57]. Ihr Glaube in die SPD, an Vernunft und die Wiedervereinigung ist noch recht groß, allerdings musste sie später erkennen, dass diese Zukunftsvision nicht eintreten werde.

Anfang 1959 nahm Ulrike und ihre Kollegen bei Konkret auch auf dem Studentenkongress gegen Atomrüstung teil und nachdem man eine ihren Ansichten entsprechende Resolution verabschiedet hatte, in der vor allem Verhandlungen mit der DDR und dem Ziel eines Friedensvertrages gefordert wurden, feierte man den Erfolg, von dem Ulrike überzeugt war, dass er eine Wende in der Politik bringen werde.[58] Allerdings musste sie feststellen, dass diese Meinung ziemlich naiv war, als zwei Jahre darauf die SPD das „Godesberger Programm" verabschiedete, in welchem sie sich von marxistischen Vorstellungen distanzierte und somit auch vom SDS.[59]

Das muss für Ulrike eine ziemliche Enttäuschung gewesen sein und trug sicher für ihre spätere Einstellung, mit Reden nichts ändern zu können, bei.

2.2.2 Notstandsgesetze und Große Koalition

1960 war für die 26jährige Chefredakteurin ein sehr bedeutsames politisches Erlebnis. Der deutsche Innenminister Gerhard Schröder hatte erste Entwürfe für die Notstandsgesetze vorgelegt, eine Art „Ergänzung" des Grundrechtes, die im Falle einer Bedrohung der BRD mit der Mehrheit im Bundestag durch den Bundespräsidenten und –kanzler in Kraft treten können um die öffentliche Sicherheit und Ordnung zu schützen[60]. Durch diese wäre die Legitimation gegeben, die Grundrechte bei Krisengefahr einzuschränken, um schnelles Handeln zum Schutz der Demokratie zu ermöglichen, wie es die Regierung behauptete. Diese Gesetze verglich Ulrike in ihrer Kolumne „Notstand? Notstand!"[61] mit dem Bismarckschen Sozialistengesetz von 1878, sowie mit dem Artikel 48 der Weimarer Verfassung, der dem Reichspräsidenten das Recht gab, Grundrechte außer Kraft zu setzen und Notverordnungen zu erlassen. Dadurch wurde eine Alleinherrschaft möglich und führte zur Legitimation Hitlers Machtergreifung. Die Notstandgesetze, die in den Augen der jungen Journalistin dem Militär viel Macht einräumte, die Verfassung manipulierbar und reaktionär

---

[57] Ulrike Meinhof: Der Friede macht Geschichte, in konkret, Nr. 19/20, 1959, abgedruckt in: Meinhof (1980), S.12.
[58] Prinz (2003), S.102-104.
[59] a.a.O., S.104.
[60] a.a.O., S.115.
[61] folgender Abschnitt: Ulrike Meinhof: Notstand? Notstand!, in konkret, Nr.18, 1960, abgedruckt in: Meinhof (1980), S.14-19.

machten und ohne Rücksicht auf die Einhaltung der Volkssouveränität abrufbar waren, bedeuteten für sie die Zerstörung der Demokratie, die Militarisierung des Systems. So klagte sie anachronistisch zu ihrem späteren Untergrund-Leben an: „Anstatt zur Erhaltung der Demokratie (…) wird die Krise herausgefordert zum Wohle der Regierung, zum Schaden des Volkes, durch Terror saniert"[62] . Am meisten belastete sie dabei die Aufhebung des Grundgesetzes, das für die Pazifistin und damaligen Demokratin „in seiner ursprünglichen Fassung total freiheitlich und total antimilitärisch"[63] war. Das sah die junge Kolumnistin als Beweis, dass der Faschismus in Deutschland noch nicht überwunden sei, genauso wie die Tatsache, dass im Nachkriegsdeutschland noch immer Beamte eine hohe staatliche Stellung behielten, die schon unter Hitler gedient hatten.

1962, während Ulrike Meinhof wegen Verdacht auf einen Gehirntumor nach ihrer Entbindung bereits im Krankenhaus lag, verfasste sie eine zweite Kolumne zu den Notstandsgesetzen, in der sie die erlahmende Oppositionshaltung der SPD seit dem Godesberger Programm und den damit einhergehenden „Rechtsruck" anklagt.[64] Sie wirkt enttäuscht, dass „der Bundestag in Mehr- und Minderheit nicht mehr die Meinungen der Öffentlichkeit"[65] repräsentiere, sich gegen den massiven Protest der Gewerkschaft hinwegsetzt und einen neuen Entwurf vorlegte. Nochmals wies sie daraufhin, dass die Aufhebung des Grundgesetzes ein totalitäres Regime kennzeichnen. Ulrike Meinhof sah die Demokratie bedroht, weil sie die Erfahrung gemacht hatte, dass die Volksmehrheit vom Staat einfach übergangen wurde, so wie eben bei den Notstandsgesetzen. Daher erkannte sie schon 1962: „Ohnmächtig ist eine Regierung gegen Aufrührer und Putschisten also nur dann, wenn diese einerseits minderheitlich und andererseits bewaffnet auftreten."[66] Diese Ohnmächtigkeit war für die RAF das Mittel um durch Gewalt Gegengewalt zu provozieren und damit das faschistische System entlarven zu können.

Die Enttäuschung über die SPD wurde noch größer, als es 1966 zu einer Großen Koalition zwischen SPD und CDU/CSU kam und sich als Folge der oppositionellen Minderheit im Bundestag die außerparlamentarische Opposition (APO) unter Rudi

---

[62] Ulrike Meinhof: Notstand? Notstand!, in konkret, Nr.18, 1960, abgedruckt in: Meinhof (1980), S.17f.
[63] Ulrike Meinhof: Die Würde des Menschen, in konkret, Nr.10, 1962, abgedruckt in: Meinhof (1980), S.27f.
[64] Ulrike Meinhof: Gegen wen? Wider ein deutsches Notstandsgesetz, in: konkret, Nr.5, 1962, abgedruckt in: Ulrike Meinhof, Dokumente einer Rebellion. 10 Jahre konkret Kolumnen, Hamburg 1972, S.26f . (Meinhof 1972)
[65] a.a.O., S.26.
[66] a.a.O., S.27.

Dutschke bildete[67]. Die Große Koalition unter Kanzler Kiesinger[68] und Außenminister Willy Brandt verabschiedete schließlich nach langen Debatten im Mai 1968 die etwas eingeschränkten Notstandsgesetze. Für Ulrike Meinhof, für welche die SPD bis dahin das kleinere Übel gewesen war, sprach nun von Prostitution und Verrat der Sozialdemokraten und sah das Ende jeglicher Kritik in Deutschland.[69]

Sicherlich trug das auch zu ihrer Resignation und zu dem Feindbild bei und führte zu der Meinung, entweder man sei ein Freund des Feindes (und damit der Feind selbst) oder nicht und um dieses zu beweisen, müsse man sich - wie ihr die Entwicklung der SPD zeigte - deutlicher positionieren und dabei vor keiner Kritik und später vor keinen radikalen Mitteln Halt machen.

2.2.3 Tod von Benno Ohnesorg

Am 2. Juni 1967[70] wurde der Student Benno Ohnesorg bei einer Demonstration gegen den Schah von Persien grundlos[71] von einem Polizisten erschossen.

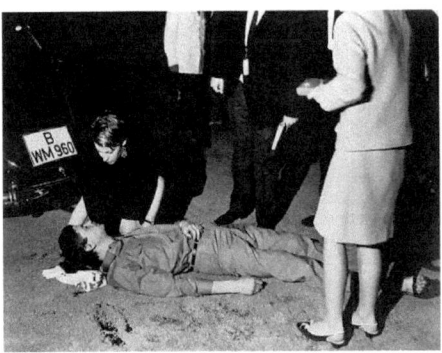

Der lebensgefährlich verletzte Student Ohnesorg.[72] Der 26-jährige nahm das erste und letzte Mal auf einer Demonstration teil.

Die Brutalität der Polizei gegen Demonstranten zeigte sich schon allein in dem Ausdruck „Leberwursttaktik", der bedeutete, dass in die Mitte der Demonstrationsteilneh-

---

[67] Prinz (2003), S.143-145.

[68] Kiesinger, der die Nürnberger Rassengesetze mit entworfen hatte, stand gegensätzlich dem „Anti-Nazi" Willy Brandt entgegen. Dass dieser eine Koalition mit dem „Feind" einging, trug vermutlich auch zu Ulrikes Parole, entweder man sei Teil des Problems oder Teil der Lösung (abgedruckt im Konzept Stadtguerilla), bei.

[69] Ulrike Meinhof: Große Koalition, in konkret, Nr. 12, Dezember 1966, abgedruckt in: Meinhof (1980), S.88-91.

[70] aufgrund dieses Ereignisses, gründete sich die „Bewegung 2. Juni", die sich ebenso wie die RAF als eine Stadtguerillagruppe sah.

[71] da der verantwortliche Polizist vor Gericht klarstellte, dass der Schuss sich aus Versehen gelöst habe, wurde er freigesprochen.

[72] http://www.dhm.de/lemo/objekte/pict/KontinuitaetUndWandel_photoTodBennoOhnesorg/index.html

mer mit Gummiknüppeln eingeschlagen werden sollte, um kleinere Gruppen verfolgen zu können.[73]

In der Kolumne „Wasserwerfer - auch gegen Frauen"[74] wird der Stellenwert des Todes Benno Ohnesorg für Ulrike Meinhof deutlich. Demgemäß manifestiere sich in diesem Geschehen die Willkür des Staates und für Ulrike war klar, dass Konflikte nun nicht mehr totgeschwiegen werden könnten und die ältere Generation endlich das Aufbegehren der Studenten ernst nehmen müsse. Die allgemeine Einstellung der Gesellschaft zu der Protestbewegung und den einhergehenden Demonstrationen, - wie etwa die Aussage des damaligen Spiegel-Chefredakteurs Rudolf Augstein, die Protestler würden über ihre Handlungen nicht nachdenken, zeigt - vermittelte ihr, dass nicht der Mörder, sondern der Ermordete schuld sei. Dieses spießbürgerliche Denken, mit dem Abwerten der Demonstranten, als zum Beispiel Halbstarke Wirrköpfe durch die Bildzeitung, entstehe aufgrund der Aufrechterhaltung des bürgerlichen Wohlstandes und die damit einhergehende Verschleierung aufklärerischen Handelns.

Der Kolumnistin wurde durch dieses Ereignis bewusst, dass nicht Kritik, sondern Protest die Fehler des Staates zeigen, denn je eindringlicher die Demonstrationen wurden, desto mehr „bekamen sie die harte Hand der staatlichen Gewalt zu spüren."[75] Die Ungerechtigkeit des Rechtsstaates der BRD wurde für viele Leute bewusst, als Karl-Heinz Kurras (der Polizist, der auf Benno Ohnesorg geschossen hatte) freigesprochen wurde, aber Fritz Teufel, Mitbegründer der Kommune 1, wegen angeblichen Werfen eines Steines in Untersuchungshaft saß.[76]

2.2.4 Frankfurter Kaufhausbrandstiftung

1968 merkt man in ihrer Kolumne „Warenhausbrandstiftung"[77], Meinhofs Sympathien für marxistische Ideen und der zunehmenden Abwertung des kapitalistischen Systems. Für ihre Recherche lernte sie die Frankfurter Kaufhausbrandstifter Andreas Baader und Gudrun Ensslin – zwei Mitbegründer der RAF - in der Untersuchungshaft besser kennen. Diese verteidigten die Straftat als eine politische Rachaktion gegen die Grausamkeiten des Vietnamkrieges.

Zwar vertrat die Pazifistin weiterhin ihre gewaltfreie Einstellung, merkbar durch den Anfangssatz „Gegen Warenhausbrandstiftung im Allgemeinen spricht, dass dabei

---

[73] Prinz (2003), S.149f.
[74] folgender Abschnitt: http://www.kosmostheater.at/presse01_presseaussendungen_detail.asp?PAusNr=22
[75] Prinz (2003), S.151.
[76] a.a.O., S.162.
[77] Ulrike Meinhof: Warenhausbrandstiftung, in konkret, Nr.14, 1968, abgedruckt in: Meinhof (1980), S.153-156.

Menschen gefährdet sein könnten."[78] Allerdings wird das zunehmende Verständnis von gewalttätigen Handlungen, die gegen den Staat gerichtet sind, sichtbar, da ihrer Meinung nach die Brandstiftung eines Frankfurter Kaufhauses durch Andreas Baader und Gudrun Ensslin unter anderem insofern progressiv sei, da ein Gesetz gebrochen wurde, dass nicht die Menschen schütze, sondern das Eigentum. Somit wird Ulrikes starke Abneigung gegen das Prinzip der Akkumulation deutlich, da dieses barbarische Auswirkungen auf den Menschen habe. Dadurch kann man eine Legitimation der Brandstiftung interpretieren, solange ein Angriff auf das kapitalistische Regime den Schutz des Menschen zum Ziel habe. Diese Behauptung lässt sich ebenso durch den Abschluss der Kolumne mit einem Zitat Fritz Teufels, Mitglied der Kommune 1, verdeutlichen, dessen Inhalt Ulrike Meinhof als sehr treffend empfand: "Es ist immer noch besser, ein Warenhaus anzuzünden, als ein Warenhaus zu betreiben."[79]

Die nun schon 34-jährige war aus demselben Grund von den Kaufhausbrandstiftern auf eine Art und Weise fasziniert wie von der studentischen Protestbewegung, die sich nun vollkommen entfaltet hatte: ihre Art, Aufmerksamkeit auf sich und damit auf Missstände, wie etwa die Grausamkeit des Vietnamkriegs, zu ziehen. Sie selbst hatte immer zum Handeln aufgerufen, nun wurde endlich gehandelt und dabei auch Risiken eingegangen.[80]

Die Tatsache, dass die militante Revolte von Baader und Ensslin im Gegensatz zur antiautoritären 68er Bewegung keine Amnestie, sondern ein hartes Strafurteil nach sich zog[81], trug sicherlich auch zum Ziel der RAF, durch Verwundung des Staates dessen faschistoides, also gleich autoritäres, unmenschliches System aufzudecken, bei.

---

[78]Ulrike Meinhof: Warenhausbrandstiftung, in konkret, Nr.14, 1968, abgedruckt in: Meinhof (1980), S. 153.
[79] a.a.O., S. 156.
[80] Prinz (2003), S.147.
[81] Christiane und Gottfried Ensslin: Vorwort, abgedruckt in: Zieht den Trennungsstrich, jede Minute, Hamburg 2005, S.10. (Ensslin 2005)

2.3 Der Übergang zum Terrorismus

Ulrikes Ex-Ehemann ist bis heute der Ansicht, dass Ulrikes Entscheidung für ein Untergrundleben unbewusst und der Sprung aus dem Fenster bei der Baader-Befreiung eine Kurzschlussreaktion war. Ob Ulrike Meinhof tatsächlich eher „mitgezerrt als mitgerissen"[82] wurde, soll im Folgenden durch ihre Aussagen und Andeutungen über Gewaltanwendung, sowie mögliche Voraussetzungen für deren Akzeptanz geklärt werden.

2.3.1 Ulrikes Aussagen über Gewaltanwendung vor dem Eintritt in das Untergrundleben

Für Ulrike Marie Meinhof waren politische Fragen auch gleich moralische Fragen. Sie wollte etwas verändern, für ihre Ideale eintreten und handelte stets aus eigener Betroffenheit. Als Christin vertrat sie die Maxime nach der „Ehrfurcht vor dem Leben" und vor der Freiheit eines Menschen. Sie war der Meinung, dass kein Mensch das Recht habe „mit Gewalt einem anderen Menschen seine Ansichten aufzuzwingen oder die eigenen Überzeugungen mit Gewalt zu verteidigen."[83] Diese Ansicht kehrte sich später ins Gegenteil, indem sie dem westdeutschen Staat den Kampf ansagte um damit das faschistische Herrschaftsregime aufzudecken.

Ulrike lebte nach ihren christlichen und pazifistischen Grundsätzen, dass der Mensch Regime- und situationsunabhängig vor allem die Aufgabe habe, menschlich zu handeln und den Mitmenschen bei der Verwirklichung eines menschlichen Lebens zu helfen.[84] Und ihre christlichen Grundsätze waren nicht vereinbar mit der Anwendung von Gewalt und sie schreckte auch davor zurück. Wie sie selbst als kleines Kind zu Weltkriegszeiten miterlebt hatte, vertrat sie die Ansicht, dass man durch Gewalt keine bessere Welt erzeugen könne. Dem gemäß zeigt sich zum Beispiel ihre damalige diplomatische Auffassung 1962: „Schießenderweise verändert man nicht die Welt, man zerstört sie. Verhandelnderweise bringt man sie weiter, verhindert Zerstörung."[85]

Allerdings teilte die damals 34-jährige in den späten 60er Jahren wie viele linke Studenten auch Rudi Dutschkes Ansicht, der nach ihrem Umzug nach Berlin ein guter Freund geworden war, dass man nach dem Tod von Benno Ohnesorg durch gezielte Regelverletzungen die herrschenden Mächte provozieren müsse, um den totalitären

---

[82] zitiert nach Klaus Rainer Röhl: Vorbemerkung, abgedruckt in: Meinhof (1972), S.5.
[83] Prinz (2003), S.87.
[84] ebenda.
[85] Ulrike Meinhof: Deutschland, Deine Verächter, in konkret, Nr.7, Juli 1962, abgedruckt in: Meinhof (1972), S. 31.

Staatsmechanismus der Öffentlichkeit zu zeigen.[86] Und eben die oben abgelehnte Zerstörung wurde in ihren Augen legitim, wenn nicht sogar notwendig, indem es eine politische Aktion war. So schrieb sie beeindruckt durch eine Demonstration gegen das Axel-Springer-Haus als Konsequenz auf das Attentat auf Rudi Dutschke 1968: „Wirft man einen Stein so ist das eine strafbare Handlung. Werden tausend Steine geworfen, so ist das eine politische Aktion."[87] Dadurch verteidigte Ulrike Meinhof die Anwendung von Gewalt gegen Sachen im Kollektiv.

1968 zeigte sich also ihre zunehmende Sympathie oder aber immerhin das Verständnis für radikalere Denkweisen oder Handlungen. So verteidigte die junge Mutter in der Kolumne „Gegen Gewalt"[88] linken Terrorismus gegen die Gleichstellung mit rechten Terrorismus in Hinsicht auf die Menschlichkeit und meint, dass Gewalt als Notwehrhandlung tragbar sei. Man merkt, dass der Notwehrcharakter für sie immer deutlicher wurde, da eine Gesellschaft, die weiterhin versuche, den Faschismus aufrecht zu erhalten, sozusagen die Legitimation für Widerstand sei. Die ganze Kolumne wirkt wie eine Kampfschrift und Solidaritätsbekundung an die Studenten, sich endlich gegen ihre Professoren, in Meinhofs Augen „Alt-Nazis", die ihre Ideologie verstreuen, zu erheben. Die zunehmende Radikalität lässt sich auch durch den Satz, „(…), daß einigen Professoren einige bittere Erfahrungen nicht erspart werden können, wenn sie nicht anders mit sich reden lassen wollen"[89], sehen.

Auch ihre Bewunderung für offensivere Handlungsweisen wird 1968 deutlich, indem sie fast schon bewundert, „dass es in diesem Land noch Leute gibt, die Terror und Gewalt nicht nur verurteilen und heimlich dagegen sind (…), sondern dass es Leute gibt, die bereit und fähig sind, Widerstand zu leisten."[90] Da sie selber noch einsah, dass Gegengewalt Gefahr laufe, zu Gewalt zu werden, wertet sie mit dieser Aussage auch ihre eigene pazifistische Einstellung ab.

Allgemein hatte Ulrike Meinhof nach dem Eintritt in die RAF eine dualistische Betrachtungsweise des Politischen, indem sie nicht differenziert, sondern antithetisch gut und böse gegenüber stellt, wie an dem Konzept „Stadtguerilla" erkennbar.

---

[86] Prinz (2003), S.161.
[87] Aust (1986), S. 67.
[88] folgender Absatz: Ulrike Meinhof: Gegen-Gewalt, in konkret, Nr.2, 1968, abgedruckt in: Meinhof (1972), S.78f.
[89] a.a.O., S.79.
[90] Ulrike Meinhof: Vom Protest zum Widerstand, in konkret, Nr.5, 1968, abgedruckt in: Meinhof (1980), S.140.

2.3.2 Vermutliche Hauptgründe für die Entscheidung zur Gewaltanwendung

Einer der Hauptgründe für die Entscheidung zur Gewaltanwendung war sicherlich die Resignation und Ohnmacht der Pazifistin. Nach über einem Jahrzehnt konkret-Kolumnen hatte sie keine Lust mehr Autorin zu sein, da sie ihre Moralappelle als sinnlos sah, die keine Veränderungen mit sich brachten. 10 Jahre lang hatte sie gegen die Notstandsgesetze gekämpft und dass sogar die Mehrheit der Bevölkerung dies nicht verhindern konnte, hinterließ sicherlich ein Gefühl der Wut und der Begrenztheit politischer, gewaltfreier Handlungschancen Einzelner.

Nach der gescheiterten Oppositionshaltung gegen die Notstandsgesetze, war für die Journalistin klar, dass der Kampf zu defensiv geführt worden war.[91] Dementsprechend zeigte sich ihr Bedürfnis, wie bei vielen anderen nach dem Tod Benno Ohnesorgs und dem Attentat auf Rudi Dutschke 1968, immer offensiver zu handeln: „Wir haben die politische Demokratie verteidigt, anstatt die gesellschaftlichen Mächte, (…) selbst anzugreifen.“[92] Schon 1964 schrieb sie resigniert zum Kanzlerwechsel nach vierzehn Jahren Bundeskanzler Adenauer: „Alles ist schon einmal gesagt worden, aber nichts und nirgends wurde etwas begriffen.“[93] Damit zeigt sich Ulrikes Enttäuschung von der deutschen Bevölkerung, die ihrer Meinung nach die politische Verantwortung nicht ernst nehme und die Vergangenheit lieber verdränge.

Aufgrund dieser Haltung entstand wohl auch ihre Angst, sich nochmals für ein „Verbrechen gegen die Menschlichkeit“ rechtfertigen zu müssen.[94] Eben diese Angst bewirkte bei ihr die extreme Pauschalisierung und Gleichstellung von allem, in ihren Augen, Unmenschlichem mit dem Faschismus, was für Ulrike schließlich die Legitimation für den bewaffneten Kampf darstellte, die Pflicht zum Widerstand.

Wohl auch die, durch ihre christliche Erziehung gebildete, extrem hohe moralische Sensibilität bewirkte, dass sie Politik nicht einfach als Schicksal hinnehmen konnte, was sie vielen Intellektuellen vorwarf.

Ebenso ihre hoch ausgeprägte Fähigkeit zum Mitleiden schränkte objektive Sichtweisen erheblich ein. Ulrikes politisches Engagement richtete sich nach der Grundlage ihres persönlichen Gewissens und ihrer Verantwortung.[95]

Dazu lieferten Beispiele wie die Todesopfer des Vietnamkrieges oder die Bedrohung eines Atomkrieges den Beweis für Ulrike Meinhof, dass Ungerechtigkeit geduldet,

---

[91] Ulrike Meinhof: Notstand – Klassenkampf, in konkret, Nr. 6, 1968, abgedruckt in: Meinhof (1980), S.142-145
[92] a.a.O.. S.143
[93] Ulrike Meinhof: Provinz und kleinkariert, in: Die Ära Adenauer. Einsichten und Ausblicke, Frankfurt 1964, abgedruckt in: Meinhof (1980), S.42.
[94] Krebs (1988), S.38.
[95] Prinz (2003), S.91.

wenn nicht sogar legitimierten wurden (solange diese von politischen Machtpositionen durchgeführt werden), was ebenfalls zur „Schwarz-Weiß-Malerei" geführt haben könnte. Auf keinen Fall wollte sie der Willkür eines Staates unterlegen und somit von diesem abhängig sein.

Die Kritik an der Protestform, durch Systemverletzungen den Totalitarismus aus seinem Versteck zu locken, definierte der Philosoph Jürgen Habermas zur 68er Bewegung mit dem Wort „Linksfaschismus".[96] Demgemäß „schaffe man erst die Gewalt, die man voraussetze, um sie dann anzuprangern und daraus das Recht abzuleiten, auf sie wiederum mit Gewalt zu reagieren."[97] Doch für Ulrike Meinhof war diese Gewalt schon immer präsent und verstecke sich nur mehr oder weniger hinter dem Deckmantel der Demokratie, politischen Verschleierungen und Hetzkampagnen der Springer-Presse. So wandte sie bei der Demonstration gegen das Axel-Springer-Haus nach dem Attentat auf Rudi Dutschke zum ersten Mal indirekte Gewalt an, indem sie Steine zum Werfen nach vorne reichte.[98]

Ulrike Meinhof hatte keine Lust mehr, Autorin zu sein, nachdem sie der Meinung war, durch Schreiben nichts erreichen zu können. Denn Kolumnisten- „ohnmächtige Einzelne, Stars" - würde man sich nur leisten, „damit aus der Theorie keine Praxis wird"[99]. In der RAF später griff sie Intellektuelle Linke an, die zwar einsehen, dass Bewaffnung notwendig ist, aber den Schritt nicht machen. Die Abwertung der „feigen" Linken, die nicht zum bewaffneten Kampf bereit waren, bewirkte eine Verstärkung des Elitebewusstseins innerhalb der RAF.

3 Schlussbetrachtung: Bewertung des militanten Widerstandes im Hinblick auf die Möglichkeit des gewaltfreien Widerstandes

Ob es möglich ist, ein richtiges Leben zu führen, wenn die Gesellschaft als Ganzes unmenschlich und ungerecht ist, hat sich wohl jeder schon mal gestellt. Auch Ulrikes Ansicht, dass man erst die gesellschaftlichen Verhältnisse ändern müsse, um ein richtiges Leben führen zu können, lässt sich nachvollziehen. Der Verleger Klaus Wagenbach hatte bei der Beerdigung Ulrike Meinhofs gesagt, dass es die deutschen Verhältnisse waren, die sie umbrachten. Doch das Mittel der Gewalt zu wählen ist trotz der

---

[96] nach Jürgen Habermas zitiert, abgedruckt in: Prinz (2003), S.161.
[97] ebenda.
[98] a.a.O., S.169.
[99] Ulrike Meinhof: Kolumnismus, in konkret, Nr. 2, 1969, abgedruckt in: Meinhof (1972), S.49.

dieser Umstände nicht gerechtfertigt. Die Behauptung, dass der gewaltfreie Widerstand keine Veränderungen mit sich bringt, lässt sich durch das Beispiel Mahatma Gandhis widerlegen, der durch Hungerstreiks, Boykotte und bürgerlichen Ungehorsams, die Abhängigkeit Indiens von dem britischen Kolonialismus aufzulösen.

Daher bin ich der Meinung, dass vor allem in demokratischen Staaten der gewaltfreie Widerstand oder Protest immer noch die einzig richtigen Mittel für eine Veränderung sind. Dass für die frühere Pazifistin die Demokratie tot war, ist keine Rechtfertigung für die Formel „Der Zweck heiligt alle Mittel". Denn schließlich war die Meinungsfreiheit nicht eingeschränkt und durch offene Kritik und gewaltfreies Handeln, wie Ulrike Meinhof es jahrelang getan hat, kann man noch am ehesten eine Bewusstseinsveränderung schaffen, die nicht aufgedrückt werden kann. An die Vernunft und den guten Menschen zu appellieren, kann nicht mit Waffen geschehen. Zu kämpfen um eine bessere Welt zu schaffen, schließt sich gegenseitig aus. Schon allein bei der Entstehung von Hass gegen den Feind kann man keine gerechte Utopiewelt aufbauen, da durch diesen unweigerlich der Feind unterdrückt werden müsste.

Mit der Aussage von Gudrun Ensslin, das schlechte Gewissen sei nur wieder eine Fessel der Gesellschaft, der bürgerlichen Moral, macht sie es sich leicht. Denn meiner Meinung nach ist das Gewissen angeboren und jeder Mensch von Grund auf ein mehr oder weniger guter Mensch. Und nur die Abkehr von der Realität und der Vergangenheit kann das Gewissen erniedrigen bis ganz ausschalten. Das Beispiel Ulrike Meinhof zeigt, dass sie es nie ganz geschafft hat, dass sie immer wieder über den „Verlust" ihrer Zwillinge trauerte.

Nach dem Philosophen Albert Camus, wird ein Mensch zum Rebellen, wenn eine Grenze des Erträglich überschritten ist.[100] Da Ulrike eine extrem ausgeprägt Fähigkeit zum Mitleiden aufwies, war diese Grenze wohl auch nicht allzu hoch anzusetzen. Durch ihre hohe moralische Sensibilität war das Unerträgliche vielleicht schon greifbar, wenn es für weniger weichherzige Menschen noch nicht mal real ist.

Daher möchte ich mit Auszügen aus dem Gedicht „An die Nachgeborenen" von Bertolt Brecht abschließen, da diese, wie ich finde, gut die vermutlichen Gedankengänge Ulrike Meinhofs widerspiegeln:

„ (…)
Was sind das für Zeiten, wo
Ein Gespräch über Bäume fast ein Verbrechen ist
Weil es ein Schweigen über so viele Untaten einschließt!
(…)
Man sagt mir: Iß und trink du! Sei froh, dass du hast!

---

[100] Albert Camus: Der Mensch in der Revolte, Hamburg 1953, S.19.

Aber wie kann ich essen und trinken, wenn
Ich es dem Hungernden entreiße, was ich esse, und
Mein Glas Wasser einem Verdurstenden fehlt?
Und doch esse und trinke ich.

Ich wäre gern auch weise.
In den alten Büchern steht, was weise ist:
Sich aus dem Streit der Welt halten und die kurze Zeit
Ohne Furcht verbringen.
Auch ohne Gewalt auskommen
Böses mit Gutem vergelten
Seine Wünsche nicht erfüllen, sondern vergessen
Gilt für weise.
Alles das kann ich nicht:
Wahrlich, ich lebe in finsteren Zeiten!
(…)
Ach, wir
die wir den Boden bereiten wollten für Freundlichkeit
Konnten selber nie freundlich sein.

Ihr aber, wenn es soweit sein wird
Dass der Mensch dem Menschen ein Helfer ist
Gedenkt unsrer
Mit Nachsicht."[101]

[101] zitiert nach Bertolt Brecht: An die Nachgeborenen, abgedruckt in: Detlev Claussen: Theodor W. Adorno. Ein letztes Genie, S.177-179.

Quellenverzeichnis

1. Primärliteratur

1. Ensslin, Gudrun: Zieht den Trennungsstrich, jede Minute. Briefe an ihre Schwester Christiane und ihren Bruder Gottfried aus dem Gefängnis 1972-1973 (Hrsg. Christiane Ensslin, Gottfried Ensslin), Hamburg 2005
2. Meinhof, Ulrike Marie: Bambule. Fürsorge – Sorge für wen?, Berlin 1994
3. Meinhof, Ulrike: Deutschland, Deutschland unter anderem. Aufsätze und Polemiken, Berlin 1995
4. Meinhof, Ulrike Marie: Die Würde des Menschen ist antastbar. Aufsätze und Polemiken, Berlin 1980
5. Meinhof, Ulrike: Dokumente einer Rebellion. 10 Jahre konkret- Kolumnen (Hrsg. Klaus Rainer Röhl, Hajo Leib), Hamburg 1972
6. Schiller, Margit: Es war ein harter Kampf um meine Erinnerung. Ein Lebensbericht aus der RAF, Hamburg 1999

Insbesondere folgende Kolumnen von Ulrike Meinhof:

1. Meinhof, Ulrike: Hitler in euch, in konkret, Nr.10, Mai 1961, abgedruckt in: Meinhof (1995), S.38-42.
2. Meinhof. Ulrike Marie: Der Friede macht Geschichte, in konkret, Nr. 19/20, 1959, abgedruckt in: Meinhof (1980), S.7-13.
3. Meinhof, Ulrike Marie: Notstand? Notstand!, in konkret, Nr.18, 1960, abgedruckt in: Meinhof, (1980), S.14-19.
4. Meinhof, Ulrike Marie: Warenhausbrandstiftung, in konkret, Nr.14, 1968, abgedruckt in: Meinhof (1980), S.153-156.
5. Meinhof, Ulrike: Gegen-Gewalt, in konkret, Nr.2, 1968, abgedruckt in: Meinhof (1972), S.78f.

2. Sekundärliteratur:

1. Antiimperialistischer Kampf. Materialien & Diskussion (Band 8) (Hrsg.): Wir, die Tupamaros, Frankfurt 1974
2. Aust, Stefan: Der Baader Meinhof Komplex, München 1998
3. Bakker Schut, Pieter: Stammheim. Der Prozess gegen die Rote Armee Fraktion, Kiel1986
4. Bieling, Rainer: Die Tränen der Revolution. Die 68er zwanzig Jahre danach, Berlin 1988
5. Brückner, Peter: Ulrike Marie Meinhof und die deutschen Verhältnisse, Berlin 1978
6. Camus, Albert: Der Mensch in der Revolution, Hamburg 1953
7. Claussen, Detlev: Theodor W. Adorno. Ein letztes Genie, Frankfurt am Main 2003
8. Ensslin, Christiane und Gottfried: Vorwort, abgedruckt in: Ensslin, Gudrun: Zieht den Trennungsstrich, jede Minute. Briefe an ihre Schwester Christiane und ihren Bruder Gottfried aus dem Gefängnis 1972-1973 (Hrsg.: Christiane Ensslin, Gottfried Ensslin), Hamburg 2005
9. Görtemaker, Manfred: Kleine Geschichte der Bundesrepublik Deutschland (Hrsg.: Bundeszentrale für politische Bildung), Bonn 2004
10. Horchem, Hans Josef: Extremisten in einer selbstbewussten Demokratie, Freiburg 1975
11. Krebs, Mario: Ulrike Meinhof. Ein Leben im Widerspruch, Reinbek 1995
12. Peters, Butz: RAF. Terrorismus in Deutschland, Stuttgart 1991

13. Prinz, Alois: Lieber wütend als traurig. Die Lebensgeschichte der Ulrike Marie Meinhof, Weinheim Basel 2003
14. Redaktion Schule und Lernen (Hrsg.): Schülerduden Geschichte, Mannheim 2003
15. Riemeck, Renate: Ich bin ein Mensch für mich. Aus einem unbequemen Leben, Stuttgart 1992
16. Riemeck, Renate: Wahres über Ulrike, abgedruckt in: Meinhof, Ulrike: Dokumente einer Rebellion (Hrsg. Klaus Rainer Röhl, Hajo Leib), Hamburg 1972, S. 103-107
17. Rühmkorf, Peter: Die Jahre, die ihr kennt. Anfälle und Erinnerung, Reinbek 1972
18. Schildt, Axel: Rebellion und Reform. Die Bundesrepublik der Sechzigerjahre (Hrsg. Bundeszentrale für politische Bildung), Bonn 2005
19. Schiller, Margit: Es war ein harter Kampf um meine Erinnerung. Ein Lebensbericht aus der RAF, Hamburg 1999
20. Thimme, Ulrike: Eine Bombe für die RAF. Das Leben und Sterben des Johannes Thimme von seiner Mutter erzählt, München 2004
21. Wunderlich, Dieter: Ulrike Meinhof (1934-1976). Moral und Terror, in: Wunderlich, Dieter: EigenSinnige Frauen. Zehn Portraits, Regensburg 1999

3. Zeitschriften und Zeitungen
1. Röhl, Bettina: Mythos Ulrike Meinhof. Ein persönlicher Nachruf von ihrer Tochter, in: Stern, Nr. 29, Jg. 1976
2. Ensslin, Felix: Der lange Marsch durch die Individuationen, abgedruckt in: Süddeutsche Zeitung Nr.15, 20.1.2005, Seite 15
3. Böll, Heinrich: Will Ulrike Gnade oder freies Geleit? abgedruckt in: Der Spiegel, Nr. 3/1972, S. 54-57
4. Bundeszentrale für politische Bildung (Hrsg.): Informationen zur politischen Bildung, Deutschland in der 70er/80er Jahren, Bonn, 1. Quartal 2001
5. Bundeszentral für politische Bildung (Hrsg.): Informationen zur politischen Bildung, Deutschland 1945-1949, Bonn 2005
6. Bundeszentrale für politische Bildung (Hrsg.): Informationen zur politischen Bildung, Deutschland in den fünfziger Jahren, Bonn 2003
7. Die tageszeitung journal (Hrsg): Dutschke und Du. Verändern, kämpfen, leben: Was wir von Rudi Dutschke lernen können, Berlin 2006/01
8. Meinhof, Ulrike: Natürlich kann geschossen werden. Ulrike Meinhof über die Baader-Aktion, in: Der Spiegel, Nr.25, 15.6.1970, S. 74.
9. Süddeutsche Zeitung Magazin (Hrsg.): RAF, Nach der Kapitulation, eine Spurensuche von Hans Leyendecker, Nr.19, München 11.5.2001, S. 4-19

4. Sonstiges
Internetseiten:
1. Das Konzept Stadtguerilla:
   „http://www.rafinfo.de/archiv/raf/konzept_stadtguerilla.php", aufgerufen am 25.12.2006
2. Die Auflösungserklärung der RAF:
3. „http://www.rafinfo.de/archiv/raf/raf-20-4-98.php"
4. KosmosTheater - presse, verwendete Internetseite:
   „http://www.kosmostheater.at/presse01_presseaussendungen_detail.asp?PAusNr=22", aufgerufen am 27.10.2006
5. Photo vom angeschossenen Benno Ohnesorgs
   „http://www.dhm.de/lemo/objekte/pict/KontinuitaetUndWandel_photoTodBennoOhne sorg/index.html", aufgerufen am 10.01.07
6. RAF- „Die Eskalation zurücknehmen:

„http://www.rafinfo.de/archiv/raf/raf-10-4-92.php"
7. Wickipedia – Rote Armee Fraktion, verwendete Internetseite:
   „http://de.wikipedia.org/wiki/Rote_Armee_Fraktion", aufgerufen am 31.10.2006

Filme:
1. Koulmasis, Timon : Ulrike Marie Meinhof. Lettre à sa fille, Arte 1995